AF475837

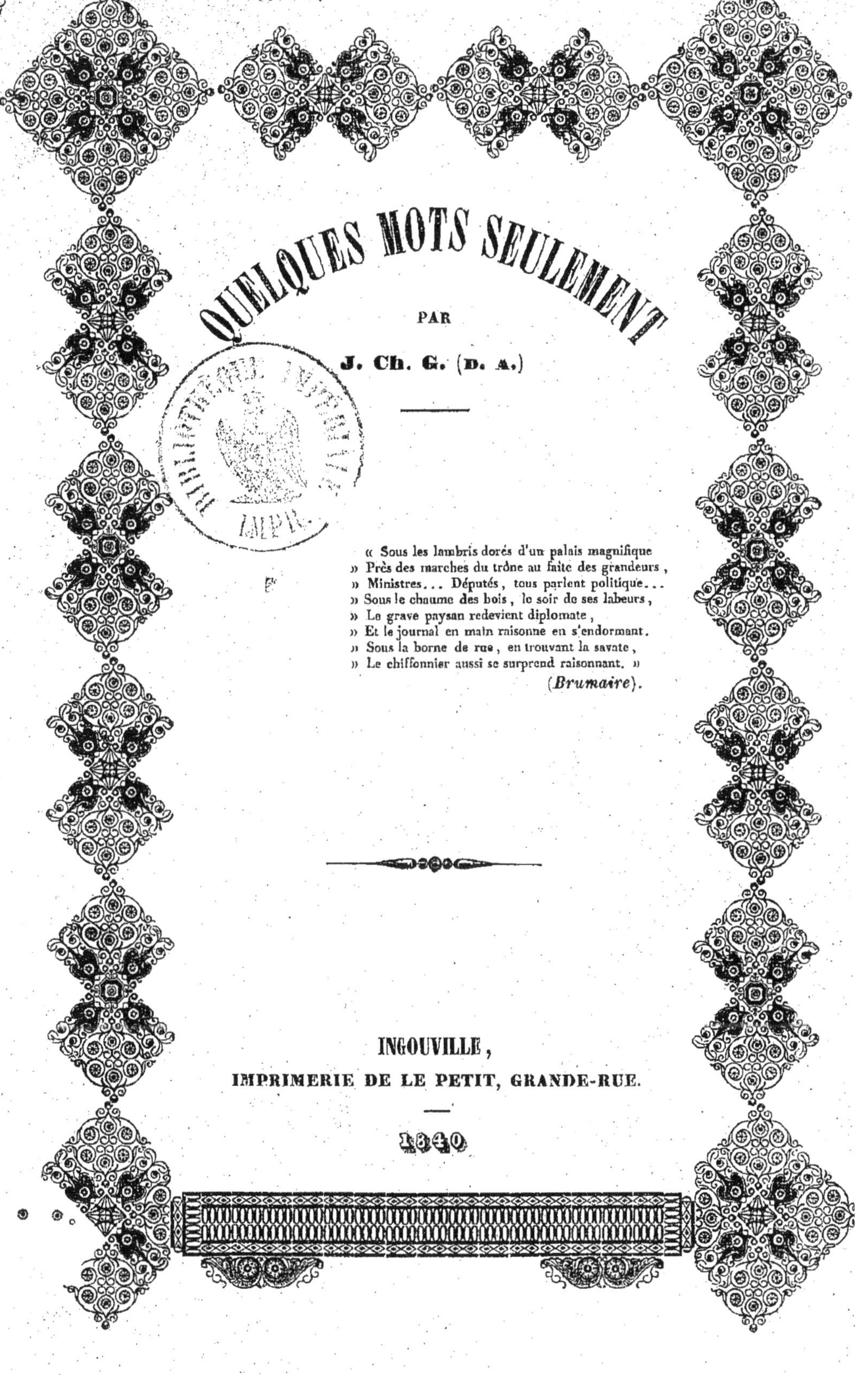

QUELQUES MOTS SEULEMENT

PAR

J. Ch. G. (D. A.)

« Sous les lambris dorés d'un palais magnifique
» Près des marches du trône au faite des grandeurs,
» Ministres... Députés, tous parlent politique...
» Sous le chaume des bois, le soir de ses labeurs,
» Le grave paysan redevient diplomate,
» Et le journal en main raisonne en s'endormant.
» Sous la borne de rue, en trouvant la savate,
» Le chiffonnier aussi se surprend raisonnant. »
(*Brumaire*).

INGOUVILLE,
IMPRIMERIE DE LE PETIT, GRANDE-RUE.

1840

> « Si l'on voulait oublier sa Patrie,
> » Être insensible et ne penser à rien,
> » De l'idiot emprunter l'apathie,
> » Fermer les yeux, s'écrier tout est bien :
> » Hélas! bientôt on verrait maints despotes,
> » D'une bastille élever les donjons ;
> » Mille mouchards espionner sur les portes...
> » La Liberté se débattre en prison ! ! ! »
>
> (Sauvons-le.)

La révolution de 1830, qui comme un coup de tonnerre ébranla tous les trônes par ses échos de propagandes, a non-seulement atténué les traités de *Vienne et de Paris;* mais encore changé par la force de ses barricades spontanées, de ses boulets constitutionnels, tout le système politique européen. Le publiciste le plus incrédule qui douterait encore de cette bordée de patriotisme jetée dans l'avenir des peuples, peut facilement lever les scrupules qui oppressent sa conscience en mettant de côté sa perruque sceptique et en se reportant au traité de la quadruple alliance qui n'eût qu'un double mérite : celui d'avoir reserré le lien des cœurs bien nés et révélé au monde l'existence officielle d'une confédération constitutionnelle. En présence donc de deux principes contraires : *le constitutionnalisme et l'absolutisme*, il n'y a dit M. J. Milleret : « Aucunes illusions à » se faire, il y aura une lutte, si non prochaine, au » moins inévitable des gouvernemens européens fondés » sur des institutions mutuellement antipathiques ». Ce que la peur ou l'inattendu empêcha il y a dix ans, une susceptibilité de cabinet peut le faire aujourd'hui, voir même l'imbécilité, que dis-je, la démence Palmerston.... Prévoir un conflit général est donc s'assurer l'avenir ! savoir sur qui compter en cas de collision est donc sûreté ! On ne peut se le dissuader : nos trois glorieuses journées sont encore un sujet d'insomnie pour nos bons voisins, un point de mire à leur vue despotique ; s'ils n'essayèrent à ternir ces trois étoiles des braves, s'ils n'étouffèrent nos idées en 1830, c'est qu'il est mathématiquement prouvé qu'ils n'osèrent : l'enthousiasme les aurait écrasés !!! Oui, quand les pavés de la capitale frémissaient sous le poids d'une population armée, quand un roulement continu de feux de pelotons proclamait une nouvelle ère nationale, les puissances étrangères mal assurées sur leurs bases, prises à l'improviste, stupéfaites d'effroi, dénuées de tout ce qui constitue la tactique militaire, baissèrent pavillon, départirent de leur orgueil et acceptèrent notre impromptu révolutionnaire en se réservant toutefois l'occasion de recouvrer plus tard (en 1840?... qui sait!) ce que leur incurie de potentats leur laissa échapper alors. Un pacte secret fut conclu, l'absolutisme en dicta les paragraphes anti-populaires, la dissimulation y présida et la politique de la triple alliance du Nord : la Russie qui aurait voulu, l'Autriche qui ne pouvait, la Prusse qui ne savait, ne tourna, depuis 1830, que sur un pivot d'arrières pensées au milieu desquelles la France fut indignement jouée et dont la question d'Orient vient d'arrêter la rotation, en forçant par ses tisons de discordes sur le point de s'enflammer, toutes les hordes du Levant à briser sous leurs pieds le fouet des despotes, à désaltérer leurs entrailles haletantes sous le joug au fleuve entraînant de la liberté constitutionnelle et à arborer pour bannière *Mort* ou *Constitution !!!* Dans la prévision d'une conflagration générale qui forcera toutes les nations à se ruer les unes sur les autres, maints Czar trembleront sur leur trône, car ce conflit, de susceptibilité d'honneur national d'abord, dégénèrera bientôt en guerre de principes : Les peuples alors, divisés en deux camps, n'auront plus qu'à choisir entre les droits de l'homme concourant au bonheur de tous ou l'esclavage asservissant chaque tête à la brutalité d'un despote. Ce grand spectacle de régénération sociale est-il près? est-il loin? l'avenir tranchera la question! Un rien cependant peut soulever les nations! l'horizon politique peut souffler la tempête! une fois l'explosion des nuages amoncelés, gare la bombe.... Chaque puissance éteyra ses drapeaux sur le plus ou moins de confiance en ses alliés, la France seule au milieu de l'Europe coalisée et sans autre alliance que celle de son peuple opposera son union à l'orage : aux exploits de ses fils luttant contre tous, la Pologne et l'Italie surgiront de leurs tombeaux, secoueront leurs linceuls et entraîneront dans leur résurrection maints petits peuples qui n'attendent que le signal. Le gant est jeté! nous aurons la guerre... Aujourd'hui? Non! Demain? Cela se peut!... Nous aurons la guerre, ou les puissances signataires bifferont leurs signatures, ce qui n'est pas croyable: elles se croyent trop fortes et insultent trop à la patrie! Nous aurons la guerre, ou la France départira de ses prétentions, ce qui est impossible: son peuple ne souffrirait une lâcheté! Nous aurons la guerre, et quelles qu'en soient les conséquences, l'Angleterre qui a été, est, et sera toujours la cheville ouvrière de toutes dissensions politiques, aura seule à rougir d'avoir troublé la paix du monde! L'antipathie qui se réveille n'est-il donc pas légitime? Le peu de confiance qu'elle a méritée par la déloyauté de ses actes, son peu de franchise nationale, ses vertus inconciliatrices n'alimentent-elles point le foyer de l'inimitié? quand on songe que c'est à ses honteuses menées de Baskirs sillonnant la France, que nous devons les pages les plus sanglantes de notre histoire, il ne doit avoir aujourd'hui qu'un seul cri de ralliement : garde à nous!!! Oui, garde à nous! Tel doit être le cri de chacun, la pensée de tous et la consolation des braves. Ah! Pourquoi donc notre bonne foi nous aveuglat-elle sur la trahison de nos voisins? La visite du fils d'un Czar à la Grande-Bretagne, les honneurs qui l'entourèrent, ses dédains pour la France, n'étaient-ils point assez saillants pour donner à prévoir! Pourquoi donc encore notre crédulité nous fit-elle donner tête baissée dans le panneau? La présence d'un diplomate Russe à Londres, les intrigues plus ou moins suspectes qui s'y ourdirent n'étaient-elles point assez pour donner à prévoir la rupture prochaine de l'équilibre Européen, et surtout cet enfantement monstrueux du traité Anglo-Russe qui remet nécessairement à l'ordre du jour, les antécédans du Lion Britanique à la considération du peuple français ! Notre méfiance actuelle n'est donc qu'une conséquence du passé! Oui, si l'on remonte d'un siècle, l'Angleterre et la Russie, quoi qu'intérieurement ennemies, confondront encore leurs drapeaux : la première par jalousie contre nous, la deuxième par antipathie pour nos principes constitutionnels. Depuis 1768, l'histoire militaire de l'une est intimement liée à celle de l'autre, toutes deux marcheront donc de front : La Russie a une usurpation sans bornes, l'Angleterre a une *quasi*-domination, qui tôt ou tard sous la férule d'un Czar, deviendra éphémère... Puissent les quelques mots qui suivent faire mieux comprendre à tout cœur revérant sa patrie toute l'importance patriotique du *garde à nous!!!*

II

« Quand l'étranger a franchi la frontière,..
» Avec le fer, la torche et des poignards,
» Jetons la mort dans sa course guerrière
» Et terrassons ces hordes de pillards.
» N'attendons pas qu'au sein de nos murailles
» Avec orgueil il pille nos foyers :
» Combattons-le, déchirons ses entrailles,
» Et de ses flancs arrachons des lauriers.

(LA CACHETTE.)

Si le craquement social d'un peuple reconquérant ses droits a fait sentir ses secousses électriques et porté un avenir de mort jusque dans les derniers retranchements du despotisme, sans que l'Hydre à trois têtes ait essayé à soulever ses machoires... si encore les rayons volcaniques du soleil de Juillet, comme des gerbes de feu embrâsant les esprits et servant d'aliments au patriotisme, ont vivifié notre patrie de leurs jets régénérateurs sans que le monstre Tricéphale ait arrêté l'incendie... si enfin ces mêmes puissances européennes, impassibles par impuissance ont vu nos trois pages d'immortalité sans pouvoir extirper du cœur de leurs esclaves ces quelques lignes de notre histoire, il y a, à l'époque où nous sommes, et quand des bruits de guerre vont partout se propageant, il y a, dis-je, une bien douce consolation à déduire de tous ces si, ou plutôt du statu quo barbaresque, c'est que nous sommes plus craints que nous ne craignons. A la France donc appartient désormais la gloire de convertir toutes les hordes embourbées aux bienfaits de ses convictions : à la France seule au milieu d'une commotion politique illustrant ses entrailles et ruisselant des lauriers, à la France seule appartient encore l'honneur de trancher le nœud oriental ! N'a-t-elle pas recouvré en 1830 le poids qui la constitue à jamais dans la balance européenne : Puissance pondérante qu'aucune nation n'est en droit de lui disputer, pas même le traité Anglo-Russe !!! Avant donc de serrer nos rangs, de nous mettre en bataille, d'immortaliser nos drapeaux, de changer l'ère des peuples, de crier mort au despotisme, avant dis-je de battre le pas de charge, de sonner le tocsin, il est nécessaire en guise d'appel au patriotisme et pour consolider notre alliance avec l'Angleterre, il est nécessaire de ramener l'attention sur ces quelques données historiques qui suivent : Si notre belle patrie a ob tenu en 1830 ce qu'elle désirait, si d'autres puissances n'osant obtenir les avantages représentatifs dont la France jouit, tendent au constitutionnalisme, la Russie a une tendance inverse, tendance plus fortement prononcée vers un but, non l'idéal, car le cabinet de Saint-Pétersbourg convoite non des idées pour lui vides de sens, telles que liberté, égalité devant la loi, mais de vastes et riches contrées, enfin du positif commercial : un avoir sans passif, une balance sans contre-poids, un registre d'affaires continentales présentant pour numéraire au diplomate qui voudrait y mettre le nez, vingt-un millions superflus d'âmes volées dans l'espace de deux siècles.

De 1667 à 1815, — 15,350,000 âmes en Pologne.
De 1710 à 1829, — 1,525,000 âmes en Suède.
De Pierre le Grand à 1829,–1,500,000 âmes en Turquie, en Perse.
De 1820 à bientôt, — 3,000,000 âmes au Caucase.

Hélas ! que faire en présence d'une progression aussi foudroyante, d'un choléra aussi anti-social, d'une soif aussi insatiable d'âmes ? Ce serait *Dieu* qui les rappellerait à lui, on n'aurait besoin de ces cris d'un peuple à l'agonie: «*Liberté!!! Patrie!!!*» Mais ce seraient alors ces fins de résignation : «*Seigneur que votre volonté soit faite.*» Eh bien, cet ogre gigantesque, ce bourreau des états, cette Russie enfin, dont l'empire est actuellement immense, ne se mêla des affaires centrales de l'europe que depuis que cette vieille Albion, dans un de ses épanchements politiques, s'est permise de réclamer son intervention, qui alors n'était qu'un minime commencement d'affaires, car de 1741 à 1768 la Russie ne comptait que 8 à 10,000 hommes de troupes intervenantes (*campagne de Prusse et de Saxe.*) 10,000 hommes, bon Dieu, mais qu'est-ce que c'était que ça ? beaucoup pour l'époque... pas assez pour la suite! la révolution éclatait, la terreur arrivait, l'échafaud décimait, le peuple courait aux armes, la France, au milieu de ses masses en fusion, ameutait l'Europe contre elle! Des marchés s'ouvrirent, la chaire humaine s'y traitait sur des bases plus larges, sur des crédits plus illimités: le commerce veut le commerce, la guerre veut la guerre, le sang veut du sang, et, entre relations commerciales établies sur confiance mutuelle, 50 à 60 mille têtes de plus ou de moins ne font rien en affaires, aussi notre révérendissime alliée ne s'en tint point à une dotation de 10,000, sa prodigalité en fait d'hommes, surtout autres que ceux du sang de ses enfants, est la plus imminente de toutes ses vertus nationales. Le lion britannique joua donc le tigre, devint souple, donna la patte, fit mille tours de gentillesse plus jolis les uns que les autres et se fit créditer de 80,000 Russes dont elle gratifia en 1798 la république française (*historique*)... Quand on sait où puiser et que les besoins réclament, pourquoi s'arrêter en chemin? Le canon ne décimait-il pas assez les armées? Les vides dans leurs cadres n'étaient-ils pas à remplir? Une nouvelle demande de 120,000 Baskirs ne pouvaient être refusée au train dont allaient les choses, aussi, la bataille d'Austerlitz apprit encore à la France qu'une nouvelle gratification anglaise gisait sur le champ de bataille (*historique*)..... Ces 120,000 hommes surgissant du sein des combats, monrèrent alors à l'empire Russe l'infini pour frontière, l'autocrate ne comptait plus ses sujets par tête, mais par castes, où l'Angleterre, sans nulle honte d'épuiser un crédit, prenait ses contingents pour en empoisonner l'occident: de 1806 à 1807, 200,000 cosaques écrasent la Pologne (*historique*)..... Bien plus, vive l'alliance anglaise, en 1813, une armée nouvelle de 200,000 Russes traversait l'Allemagne et conduite toujours par les phalanges anglaises, arrivait l'année suivante à Paris (*historique*)... plus fort encore, là sera le gachis, là sera la débacle, ce torrent envahisseur qui peut, en cas de collision générale, fournir, sans faire un vide à ses masses, 400,000 hommes à la fédération absolutiste, étendra, toujours dirigée par notre sempiternelle alliée, étendra, dis-je, au premier coup de canon bouleversant l'Europe, ses frontières méridionnales jusque sur les mers de l'Inde et de la Méditerranée, si la force constitutionnelle qui marche à la régénération des peuples ne parvient à changer l'ère plus ou moins embourbée des cohortes du nord, en promenant d'Occident en Orient ses couleurs tricolores, ses institutions, ses bienfaits dont les avantages reconnus proclameront au pas de charge l'extinction de l'absolutisme et le triomphe de la royauté constitutionnelle : royauté basée sur de sages constitutions.... seules garanties de la paix du monde!!!

www.ingramcontent.com/pod-product-compliance
Ingram Content Group UK Ltd.
Pitfield, Milton Keynes, MK11 3LW, UK
UKHW020503220726
13923UKWH00006B/2730

9 782019 268213